www.ingramcontent.com/pod-product-compliance
Lightning Source LLC
Chambersburg PA
CBHW070541160726
48003CB00004B/1831

البوسطة

رواية للشباب واليافعين

تأليف: د. طارق البكري

رسوم: فادي سلام

دار الرُّقيّ

للطباعة والنشر والتوزيع

جميع الحقوق محفوظة
الطبعة الأولى
1433 هـ ـ 2012م

دار الرُّقِيّ
للطباعة والنشر والتوزيع

خليوي: 00961 3 235949
تلفاكس: 00961 7 920158
ص.ب: 4101 بيروت ـ لبنان

بيتي الجميل

الأشـجار عاليـة مورقة الأغصـان، تمتد فروعهـا لتعانق بعضها بعضاً..

تنتشـر بانتظـام، كسلسـلة العقـد في أنحـاء حديقـة بيتنا الريفي ذي السقف القرميدي الأحمر.

الجدران صخرية مدبَّبة كأنها منقوشة بحبات أرز أبيض، وموشحة بخيوط وردية منسوجة باحتراف.

وهنـاك أيضاً شـجيرات صغيـرات، يتفيأ ظلالهـا مربع أخضر مخصص لأنـواع من النباتات الورقيـة؛ مثل النعناع والبقدونـس والخـس والملوخيـة... التي تحـب أمي أن نأكلها طازجة، من الأرض إلى المائدة.

وفـي محاذاة السـور الحجري أعناق عملاقـة لنبتة دوار الشمس بوجهها المستدير الباسم... تتخفَّى خلف مجموعة من أشجار الليمون.

وحـول جـذوع الأشـجار في أقصى الحديقة أشكال وألوان من الورد الأصفر والأحمر والأبيض والأرجواني.. يمتد الورد في جوار شـريط عشبي أخضر، يكسو السور بعبـاءة بهية وقورة... ويتمادى في امتداده حتى يغطي جانباً من البوابة الرئيسة.

البيت مبنيّ بشكل شبه مستدير، وحوله مساحات عشبية ندية، مثل سوار في معصم، تنتشر حول البيت وتتداخل مع شرفات تزدان بأشكال نباتية تتماهى مع المكان ورحابته.

فأكاد أشعر أني أحيا في خيال..

وأن بيتي هو جنتي على الأرض.

كنـت أقطـع المسـافة الممتدة مـن بـاب بيتنا الخشبي ـ المحلـى بألوان تمتزج مع هـذا الطيف الطبيعي الخلاب ـ حتـى البوابة الحديد الرئيسـة حيث مدخـل الحديقة؛ عدواً وقفزاً أسابق كلب الحراسـة (ذا الفك المفترس).. المسافة كانـت مغطاة بنوع من البـلاط الصخري الخشـن، المتوائم والمتجانس مـع هذه الأنغام الطبيعيـة.. فيب_دو كأنه جزء منها..

تشـكل لي هـذه اليومية عزفـاً هادئاً يملأ نفسـي طمأنينة وأماناً..

فجمال الطبيعة سر من أسرار الوجود، يجري مع النفس كما تجري الدماء في العروق..

في قسـمات الطبيعـة سـحر سـرمدي أخّاذ.. ينشـر في الحنايا دفء الحياة وصفاءها مثل النسيم الوردي.. الطبيعة جزء من نفسي، وهي في بلدتنا مكحلة ومزينة.. ولا تحتاج إلى معطرات أو مرطبات.

الطبيعـة تُولَّـد فيّ تطلعـاً نحو الفرح والأمـل، فلا مكان للحزن والكآبة في هذه اللوحة الباسمة.. ولا مكان للملل.

هي مساحة تملأ النفس بإشعاعات الحياة.

تسكب الفرح في كؤوس من جمال ودلال.

وفي جانب من حديقة بيتنا الواسـعة شـجرة تفاح عتيقة، شـاخت مع السنين.. أحببتها منذ الصغر، ولي معها قصص وحكايات على مدى الفصول ومراحل الطفولة.

أبي يقول إن أمه ـ رحمها اللّه ـ غرسـتها شـجيرة صغيرة منـذ زمن بعيد، وقبـل أن يبني أبي هذا البيت، وهو لا يدري

متى بالتحديد، فقـد زرعتها يوم كان طفلاً، وهي تحمل في قلبه ذكريات غالية عزيزة.

لذا ظل يرعاها بنفسه، يهتم بها كأنها فرد من أسرتنا.

وكان يهتم حتى بجمع الأوراق التي تقع منها، بالرغم من أن ذلـك جزء من وظيفة العم جميل البستاني، الذي كانت مهامه تتخطى أحياناً رعاية الحديقة وأزهارها وأشجارها ونباتاتها.. إلى رعاية أهل البيت نفسه.. فهو بعد عمر طويل من العمل؛ أضحى ركناً أساسياً من هذا البيت... وأهله.

وأبي يعتبر أوراق (شجرة جدتي) شيئاً غالياً على قلبه.

يجمـع أوراقهـا المتسـاقطة في مواسـم الخريـف ورقة ورقـة.. ثم ينقلها في عربة صغيرة لها دولاب واحد ليدفنها في حفـرة يحفرهـا بنفسـه كل عـام في أمكنـة متفرقة من الحديقة.

يقـول أبي إن هـذه الأوراق غالية على نفسـه ولن يرميها في النفايات.

فهي «سـتعود لتحيا» بعد أن تتفتت وتختلط بالتربة.. ثم تولد من جديد أوراقاً وأعشاباً تذكره بجدتي..

وفي موسم التفاح؛ كنا أنا وأمي وأخي بشير نبتهج كثيراً عندما يقوم أبي بنفسه بقطف ثمار الشجرة ويقدم أطيب حباتها لنا، باعتبارها أحلى وأغلى هدية سنوية مستمرة من أمه، رحمها اللَّه.

كان أبي يريد أن يشعرنا بأن هناك عيداً سنويّاً اسمه: (عيد التفاح).

وكنا نترقب هذا الموسم من عام إلى عام لنرى تلك الفرحة الغامرة التي يعيشها أبي وهو يراقب الشجرة تزهر وتثمر.. وتخرج خيراتها (هدية الأم)، جدتنا الغالية..

أما نحن فكان أبي يمنعنا من الاقتراب منها، حتى بعد أن ينتهي الموسم، ولم يكن يسمح لنا باللعب في ظل الشجرة كيلا نتسلقها ونكسر أغصانها.

فهو يحمل في قلبه حبّاً لها ووفاء، مثل روايات البر التي نسمع عنها الكثير الكثير..

ومع الأيام شاخت الشجرة..

لم تعد تنتج تفاحاً كالسابق.

منظرها أصبح لا يتوافق مع مشهد حديقتنا الخضراء

على الدوام..

وصــار موقعهـا يتنافر مـع موقع الأشـجار الأخرى التي تحيط بالبيت.

لكن إعدام الشجرة كان مستحيلاً..

اقتـرح أخي بشـير على أبـي أن ينقل الشـجرة إلى مكان آخـر في الحديقة الخلفية للبيت، وبذلك تبقى في الحديقة، دون أن تؤذي باقي الأشجار ومنظر الحديقة العام.

ظهـرت على أبي علامـات الغضـب، احمـرّ وجهه من الغيـظ.. فقام من مجلسـه.. وقال كلمـة الفصل: «لن تنتقل هذه الشجرة من مكانها ما دمت حيّاً».

احترمنا إرادة أبي..

ولم يجرؤ أحد على اجتثاثها رغم ما تسببه من «إزعاج».

وبقيت الشـجرة في مكانها، بعـد أن يبس بعض عروقها وأغصانها.. وباتت لا تثمر.. ولم تعد تورق إلاّ ما ندر..

ولولا اخضرار بسيط فيها لأعلنّا موتها منذ زمن بعيد..

وفـي يـوم، اجتمعنا: أنـا وأمي وأخـي بشـير ومعنا العم جميل البسـتاني وقلنا لأبي إننـا اتخذنا قراراً بالإجماع: «لا

للشجرة لا نريدها، لقد أصبح شكلها مخيفاً ومزعجاً».

وقلنا له: «لا فائدة منها».

لم يغضب أبي هذه المرة..

لم يرفع صوته ولم يحتدَّ..

تمتـم بهدوء: «لن تنزع هذه الشـجرة من مكانها ما دمت حياً».

وبقيت الشـجرة في مكانها.. حتى جاءت عاصفة خفيفة وقلعتها من جذورها الميتة.

فراشات الحديقة

أجمل ما كان يفرحني عندما يأتي فصل الربيع، الفراشات الكثيرة ومن كل الألوان، التي تنتشر في أنحاء حديقة بيتنا وفي كل بساتين بلدتنا..

وفي كل يوم من أيام الربيع أخرج إلى الحديقة حيث أمضي وقتاً طويلاً أراقب الفراشات وأفرح بالنظر إليها.. قبل أن أعود إلى غرفتي.

وفي يوم..

قررت أنْ أزرع في شرفة غرفتي وروداً جميلة.. أعتني بها وأرعاها بنفسي..

وتمنيت أن تزورني الفراشات كما تزور حديقة بيتنا والبساتين المجاورة..

كنت أخرج إلى الحديقة كل يوم وأكلم الفراشات

وأدعوها لزيارة شرفتي..

ثم أضحك على نفسي.. وهل تفهمني الفراشات؟

وفي صباح جميل.. وقبيل ذهابي إلى المدرسة.. نظرت إلى الشرفة كعادتي على أمل..

غمرتني سعادة كبيرة وأنا أرى فراشة ملونة جميلة.. تطير حول ورودي.. وتلتهم رحيقها.. تبدو ضاحكة سعيدة.. وكأني سمعت رنة ضحكاتها..

ثم رأيت الفراشة تطير بفرح..

تحرك جناحيها بلطف وأناة..

ترقص دون توقف..

تلثم وردة حمراء..

ثم وردة بيضاء.. ثم صفراء..

ثم تعيد الكرة كأنها تريد أن «توشوش» كل ورود شرفتي..

خرجت إلى الشرفة.. وهي شرفة صغيرة.. صنع لها أبي نوافذ زجاجية.. وبسرعة خاطفة.. أغلقت النوافذ لتبقى الفراشة الراقصة داخل شرفتي إلى حين عودتي من المدرسة.

وطوال اليوم كنت أفكر بالفراشة..

لقد أصبح عندي بستان ورود وفيه فراشة ملونة..

وأخبرت كل أصدقائي بذلك..

وفي طريق عودتي من المدرسة لم أتوقف في حديقة بيتنا كعادتي..

توجهت إلى البيت مباشرة، فقد كنت مكتفياً بفراشتي التي تنتظرني في الشرفة..

وعندما دخلت البيت صعدت إلى شرفة غرفتي.. وكنت أتوقع رؤية الفراشة تطير وترقص كما تركتها.. في الصباح.

لكني لم أجد الفراشة..

خفت أنها ربما تمكنت من الفرار..

لكن كيف وقد أغلقت عليها كل المنافذ.. وأوصيت أمي ألا تفتح باب الشرفة ونوافذها؟

بحثت عنها..

وبعد بحث طويل..

وجدت الفراشة تختبئ تحت وريقة من وريقات زهرة..

وجدتها حزينة..

ضعيفة هزيلة..

فأصابني العجب..

ما سرها؟

لماذا تغيرت؟

كل شــيء موجــود هنا.. مــاء.. طعام.. الشــرفة ملك لها وحدها؟

فتحت نافذة الشرفة..

دخل الهواء المنعش.. فاهتز جناحاها.. ثم رأيتها تتحرك ببطء كأن النافذة تمتصها..

وفي لحظــات.. كانت الفراشــة تطيــر خارج الشــرفة.. ترقــص وتضحك من جديد.. واتجهــت نحو أزهار حديقة بيتنا.. نحو صديقاتها الفراشات.. لتنعم بالحرية..

ومــن يومها تعلمــت أن للحريــة معنًى.. وصــرت أحلم بالفراشــات الطائرة ولا أفكر لحظة بأن أحجز حريتها، لأن الحرية تعني السعادة.

مناسبة سعيدة

كانت السعادة وما تزال أجمل الأشياء التي تملأ بيتنا..

أذكر أنه في ربيع الفراشـات نفسـه؛ دخل أبي إلى البيت يحمـل هدية كبيـرة يزينها ورق ملـون بديع، يلمـع بقلوب حمراء وورود وأزهار..

أسـرعت أنا وبشـير نهتـف بفرح رافعيـن أيدينا، يسـبق أحدنا الآخر لكي يكون الفائز بالصندوق الكبير..

رفـع أبـي الهدية فـوق رأسـه وألصق جسـده بالحائط.. خوفاً عليها منّا..

أمي كانت تجلس في غرفتها..

جاءت تركض بعدما سمعت صوت صياحنا وضحكنا..

انعطف وهزّ الهدية التي في يده برفق شـديد، مشـيراً بها نحو أمي..

أصابتنا خيبة.. فالهدية لأمي.. ولا تخصّ أحداً منا لا أنا ولا أخي بشير..

فتحت أمي الهدية..

كان فيها قالب كبير من الحلوى بني عليه بيت بالفاكهة الممزوجة بالعسل.

كانت المناسبة سعيدة.. تخص أبي وأمي.. فقد مضى على زواجهما خمس عشرة سنة.

وضعت أمي قالب الحلوى اللذيذ على الطاولة الكبيرة.. أخرج أبي من جيب سترته شمعة بالرقم (15) أشعل الشمعة، أطفأ الأنوار.. وغنَّينا جميعاً.. أغاني الفرح..

4

العمل جميل

الأحاسيس الجميلة التي تنشر السعادة في بيتنا لم تكن هي أيضاً بمنأى عن مشاعر العم جميل.. البستاني المسؤول عن حديقة بيتنا ورعايتها وحراستها..

فقد كان أبي يعامله كأخ له.. وكفرد من أفراد أسرتنا السعيدة..

وكان العم جميل يعيش طفولتنا بلحظاتها السعيدة والحزينة..

ويكاد العم جميل ينقلب على ظهره من الضحك كلما شاهد كلب الحراسة بعينيه الواسعتين وأذنيه العريضتين وشعره البني الناعم الطويل وأقدامه المكللة بالسواد حتى منتصف بطنه الأبيض، يلاحقني قفزاً وعدواً ودوراناً حول نفسه وحولي.

يهزّ شعر ذيله الطويل المكتنز، ويعوي مودّعاً حتى

صعودي باص المدرسة..

والبـاص هـذا هو البـاص الوحيد الـذي يمرُّ قـرب بيتنا يوميّاً..

والعـم جميـل ـ صديقـي الدائـم ـ تفتحت عينـاي على الدنيا وهو يعمل في حديقة بيتنا..

يحملني.. يلعب معي..

يعلمني كيـف أزرع الـورود والنباتـات وكيـف أرعـى الأشجار وأسقيها..

وكانت علاقته بكلب الحراسة غريبة..

والكلب عندما يراه أمامه يكرر مشهداً مسرحيّاً جميلاً؛ يتوقـف عن النبـاح قليلاً، ثم يجلس علـى الأرض رافعاً قائمتيـه الأماميتيـن، مخرجـاً لسـانه ينتظـر أن يمسـح العم جميـل رأسـه ويربّت على ظهـره.. ثم ينطلـق بعدها ليدور حوله في حركات بهلوانية جميلة.. مثلما يفعل من حركات طريفة عندما يصل الباص ليأخذني إلى المدرسة.

والحقيقة أن العم جميلاً كان مشجعي الأول عند دخولي الروضة..

وأذكر أنه عندما دخلت الروضة لأول مرة.. وكان ذلك منذ سنوات.. كان الأمر بالنسبة لي يشبه الكارثة..

وعندما رآني العم جميل أرتدي ثياب الروضة.. صار يصفق لي ويغني.. وأعطاني كيساً مليئاً بالحلويات التي أحبها كثيراً.

وأذكر أن أبي وأمي أخذاني معاً إلى الروضة..

وكنت أرتدي ثوباً أصفر، بأزرار زرقاء داكنة.. وياقة بزنار أبيض يحيط بأطرافها..

لا أنكر أني كنت سعيداً بثوبي الجديد.. لكني ما إن وصلت إلى الروضة وكانت قريبة من بيتنا.. وأدركت أني سأنفصل عن أسرتي حتى شرعت بالبكاء.

وبعد أن كنت متحمساً فقدت كل حماسي في اللحظة التي سلمتني أمي إلى المدرِّسة التي كانت طيبة القلب.. لكنها لم تستطع أن تمنع دموعي من الانهمار مثل المطر.. وفي اليوم التالي..

أعلنت وبكل صراحة أنني لا أحب الروضة.. لا أريدها.. وبدلت كل آرائي نحوها..

لكن كل اعتراضاتي تحطمت أمام إصرار أمي وأبي على ذهابي إلى الروضة.

أحسست أنني مظلوم.. كيف ترميني أمي هذه الرمية القاسية؟!

من قال لها إني أريد أن أتعلم؟

أنا أريد البقاء في البيت.

عندها بدأت ألاحظ أن مشاعري هذه يشترك معي فيها كل الأطفال في روضتي.

علمت أنني لست وحدي في إحساسي..

فبدأت أتعاطف مع غيري.. وبدأ غيري يتعاطف معي.. لأننا جميعاً نشعر بالمشاعر المؤلمة نفسها..

وكان هذا الإحساس الجماعي أول مرة أشعر به في حياتي..

كان شعوراً جميلاً..

صرت أنتظره في كل مناسبة..

وحتى عندما أذهب إلى السينما في المدينة القريبة من بلدتنا.. فأرى الجميع فرحين مثلي.. أو عندما يمر مشهد

فيـه رعـب وخوف وترقب.. ودهشـة.. أشعر بـأن كل من حولي يشعر مثلي..

وصـرت عندما أدخـل مكاناً جديداً فيـه ورود ورياحين وجمال..

أشعر بالهدوء والسكينة..

وأرى ذلك على وجوه كل من حولي..

هـذه لحظات لا تنسـى.. وخاصـة عندما نراهـا تمرّ مع غيرنا..

وعندمـا أنهيـت مرحلة الروضـة استعداداً للانتقال في العـام التالي إلى المرحلة الابتدائيـة.. فاجأتني المعلمة في آخـر أيام المدرسـة بهدية جميلة.. عبارة عن سـيارة حمراء كبيرة.. لها أبواب أربعة، تفتح كأنها سيارة حقيقية.. كما أن الغطاء الأمامي والخلفي يفتحان هما أيضاً.

كنت سعيداً بها..

وانتظرت لحظة خروجي من الروضة لكي أقدمها لأمي وأبي وأخي بشير باعتبارها هدية شرفية أخذتها من معلمتي في الروضة..

ومرت ساعات كأنها سنين طويلة..

شعرت بملل عظيم.. أريد الخروج..

ورحت أتضرع إلى اللّه أن يمضي الوقت بسرعة، من شدة اهتمامي بأن تشاهد أسرتي هذه الهدية غير المألوفة بالنسبة لي..

ومضى الوقت ببطء شديد..

وانتهى اليوم الأخير من الروضة..

حملت لعبتي الجديدة أترقب وصول أسرتي، لأن أبي وأمي وعداني بأن يأتيا ليأخذاني من الروضة في اليوم الأخير..

وركضت نحو أمي وأبي ـ وكان معهما أخي بشير والعم جميل البستاني ـ ألوح بالسيارة الحمراء، وكأني فارس عاد منتصراً من حرب طاحنة.. ويرفع راية الانتصار..

وعندما وصلت إليهما واحتضنتني أمي..

قلت في عجل: «أمي أمي.. هدية معلمتي»..

كانت الابتسامة الواسعة تغمر ملامح أمي ذات الوجه الأبيض المائل إلى الحمرة..

وقبـل أن تجيبيني صاح أخي بشـير: «نعرف هذا.. فنحن من أعطى السيارة للمدِّرسة».

في هـذه اللحظـة.. كرهت السيارة.. لم أعـد أريدها.. وددت أن أحطمها..

حاولت أمي أن تسكت أخي..

لكن الأمر كان قـد انتهى والمعلومة وصلت.. ولم تنفع بعدها كل محاولات تطييب الخاطر..

وصرت أعامل السيارة كعدوة لي..

وعلى صغـر حجمهـا.. رحـت أركـب فوقهـا.. وأرفع قدمي الصغيرتين.. وأتمسك بالجدران ثم أدفع نفسي بكل قوة، فتسـير السـيارة وأنا فوقها رغم أني بالنسبة لها حمولة فوق الزائدة.. فهي سيارة للعب لا للركوب..

وعندمـا تحطمـت مـن "سـوء" الاستعمال.. لـم أكن حزيناً..

لأنني تمنيت لو أعطتني معلمتي سـيارة ورقية، وحتى لو كانت من دون عجلات..

ولو فعلت ذلك لاحتفظت بها طوال حياتي..

5

باص المدرسة (1)

أعـرف هـذا الباص منـذ طفولتي الأولـى.. وحتى قبل دخولي المدرسة الابتدائية..

فقد كنت أسـتيقظ باكراً مع موعد ذهاب أخي بشـير إلى المدرسة وأخرج مع أمي أترقب ظهور هذا الباص الجميل.

ورغم أنه باص قديم، فإن سائقه كان حريصاً على تزيينه وتزويده بكل الجماليات التي تجعله ألقاً على الدوام، وكان حريصـاً أيضاً على تزيينـه بكثير من الأشـكال والإضافات وتلميعه من حين إلى آخر ليبدو بأبهى حلة.

كان الباص يتهادى في طريقه في الصباح الباكر كالزمردة المتلألئـة، ولا سـيما في الصباحات الشـتوية الباردة عندما تكون الشمس مختبئة خلف الغيوم الداكنة، وكأنه عربة من ألعاب السيرك أو مركبة في مهرجان أو في مناسبة احتفالية. يمضـي في طريقه فتظنه ذاهبـاً إلى حفلة عرس.. أو كأنه

العربة التي ستنقل العروس نفسها..

المدرسة لم تكن بعيدة كثيراً عن بيتنا، فهي تقع في الجهة الجنوبية من بلدتنا، وبيتنا يقع في وسط البلدة الجديدة تقريباً..

وكم كنت أتمنى لو كان بيتنا أبعد وكان الطريق أطول، وأن يكثر الزحام، لنتأخر عن طابور الصباح ونلهو في الباص أكثر بصحبة الرفاق ونستمع لحكايات كثيرة يرويها سائق الباص.

لكن هيهات ما بين الحلم والحقيقة..

فالطرقات في البلدات الريفية البعيدة عن المدن لا تكون عادة مزدحمة بالسيارات.

وكثير من الناس يمتطون الدواب أو يركبون العربات ذات العجلات الخشبية والتي تجرها الدواب.. وخاصة عند الذهاب إلى الحقول للزرع أو للحصاد.. أو يستخدمون أقدامهم للتنقل داخل البلدة وشوارعها الداخلية.. والمحظوظ بينهم من لديه دراجة هوائية..

كنا نراقب المارة ونتأمل الطرقات والناس.. ونضحك

ونغنـي ونلعب ونحـن في طريقنـا إلى المدرسـة على متن الباص..

والأمـر الذي يزيـد الأمر روعة أن سـائق الباص العم أبا زكـي كان يضفـي على الفتـرة التي نقضيها بالطريق متعة إضافية.

والنـاس في بلدتنـا لا يعتبرونـه مجرد سـائق، فهو يهتم بنـا ويعرفنا طفلاً طفلاً.. ويعرف أهـل بلدتنا.. الكبير منهم والصغير.

العـم أبـو زكي يقود هـذا الباص منذ أكثر مـن 30 عاماً، هو ليس كبيراً بالسـن، فقد اشترى الباص وهو شاب يافع.. وحافظ عليه ليبدو جديداً على الدوام.

وكان يحكـي لنـا الكثيـر مـن الحكايات خـلال رحلتنا اليوميـة من البيـت إلى المدرسـة، أو في طريـق عودتنا من المدرسة إلى البيت..

فعندما ينتهي دوام المدرسـة ظهـراً ويحين موعد العودة إلـى بيوتنا؛ فإن متعة الصبـاح في ركوب الباص تتحول إلى ملل لشـدة تعبنا وحدة الشمس أحياناً.. فنتضرع إلى اللَّه أن

يطوي المسافات ليصل كل واحد منا إلى بيته بأسرع وقت،
بعد أن أنهكنا الدرس وأتعبتنا الدراسة طوال النهار..

ومما يجعل الأمر مريحاً أن العم أبا زكي يستقبلنا أمام
باب الباص بابتسامته المعهودة، يتأكد من وجود جميع
الطلاب الذين أحضرهم في الصباح، ثم ينطلق بنا ويقص
علينا من جديد حكاياته التي لا تنتهي، فنتفاعل رغم التعب
والإرهاق.

6

رفاق المدرسة

في مدرستي الكثير الكثير من الطلاب..

فهي تضم المرحلتين الابتدائية والمتوسطة، وهي ضخمة جدّاً، وتضم معظم أبناء البلدة الذين هم في سن الدراسة تقريباً، باستثناء بعض أبناء الأغنياء الذين يرسلون أولادهم إما إلى العاصمة ليدرسوا في مدارس داخلية أجنبية، أو يرسلونهم إلى مدن قريبة بسياراتهم الخاصة ليدرسوا أيضاً في مدارس أجنبية ثم يعودون في المساء إلى بيوتهم.. وكان هنالك مدرسة أخرى تقع في الطرف الثاني من بلدتنا، تضم جزءاً آخر من طلاب المرحلتين.

بالنسبة لي فقد كنت أفضّل هذه المدرسة.. ففيها ألتقي بأقاربي وجيراني وكل رفاقي.

يجمعنا الكثير الكثير من الأشياء الجميلة التي تركت في نفسي ذكريات لا تمحى..

وكان معظم مدرسي المدرسة ومدرساتها من أبناء بلدتنا نفسها، وأحياناً يأتينا بعض المدرسين من خارجها، وكثير منهم يندمجون مع أهالي البلدة بسرعة كبيرة، وبعضهم يتزوج من بنات بلدتنا ويسكنون فيها بشكل دائم، ويصبحون من أهلها..

ففي قريتنا سحر وجمال يندر وجودهما في مكان آخر.. ومدرستي تشبه بيوت البلدة، لكنها أكبر حجماً ومساحة..

تستوعب الكثير من طلاب وطالبات المرحلة الابتدائية، وطلاب المرحلة المتوسطة.. أما طالبات المرحلة المتوسطة فيذهبن إلى مدرسة أخرى تضم المرحلتين المتوسطة والثانوية.. تقع على مقربة من منزلي.

جدي كان يقول إن مبنى مدرستي كان قصراً أو معبداً أثرياً، لا يعرف مالكه الأصلي..

وكان كلام جدي يتطابق مع كلام العم أبي زكي في هذا الشأن.

هما يقولان إن ملكية القصر التراثي تحولت مع مضي

الأيام إلى بلدية البلدة، ولم يطالب به أحد، فالمدرسة أثرية ولا تعرف قصتها ولا يعرف صاحبها الحقيقي، هي مبنية من الصخر مثل معظم بيوت البلدة، ويكسو سقفها قرميد أحمر لامع.. غير أن لونه بهت كثيراً من أثر الزمن..

وكان سكان البلدة يهتمون بمبنى المدرسة، يعتبرونه جزءاً أساسياً من تراثهم، فهي أثر مهم يأتي أحياناً بعض الزوار من خارج البلدة ليروه ويستمتعوا بمنظره والتقاط الصور أمامه..

وقرب المدرسة مسجدان متلاصقان، واحد صغير قديم، من عمر مدرستنا تقريباً لكنه لم يعد مستخدماً..

والآخر حديث بني على نفقة مغتربي البلدة كما هو منقوش على لوحة رخامية عند باب المسجد يعود عمرها إلى ما قبل ولادتي بسنة أو سنتين.

فقد كانت أروقة المدرسة وفصولها وقاعاتها، وساحاتها، ومسجدها الملاصق.. مساحة متاحة لكل طلاب المدرسة..

وكنا نقضي في هذا المكان وقتاً طويلاً من يومنا، بالدرس

واللعب والصلاة في المسجد والتمتع بالطبيعة الخلابة.

وكان طلاب المدرسة يحبون أكثر ما يحبون لعبة كرة القدم.

وكنا نلعب الكرة في ساحة رملية خارج المدرسة، ويشاركنا باللعب بعض المدرسين، وأحياناً نشكل فريقين؛ فريقاً من المدرسين وفريقاً من الطلاب، وتدور بيننا مواجهات قوية وحقيقية..

وفي بعض الأحيان كنا نفوز عليهم.. فيهددوننا ـ مازحين ـ بأنهم سوف يصعّبون علينا الامتحانات.. فنضحك لضحكهم.. ونقضي معهم أجمل الأوقات.

وكان هناك طالب اسمه يوسف، في المرحلة المتوسطة، يهوى كثيراً لعبة كرة القدم، وكان الفريق الذي يلعب معه غالباً ما يفوز باللعب، ولذلك فإنّ الجميع كانوا يتمنون أن يكونوا في الفريق نفسه الذي يكون فيه يوسف.. وخاصة عندما تكون المواجهة مع فريق المدرسين.

أما صديقي وليد فلم يكن يحب كثيراً لعبة كرة القدم.. ويفضل الجلوس بين صفوف المشاهدين.. وكنت أنا

ألعـب في الاحتيـاط غالبـاً، لأني لسـت ماهراً بهـذه اللعبة، فعندما يغيب لاعب أساسي ويحتاج الفريق إلى لاعب آخر يطلبون مني اللعب..

أمّـا عندمـا يكـون الفريـق كامـلاً أجلـس وأستمتع بالمشاهدة..

وبذلك كنا نقضي أجمل الأوقات.

وأذكـر أنّ يوسـف، وفي إحـدى المباريـات مـع فريق المدرسـين، قفز قفزة عالية ليضرب الكرة بقدمه، لكنه تعثر وسـقط على الأرض بقوة فكسرت قدمه اليمنى، وظل فترة طويلة وقدمه في (الجبيرة).

وقضينـا طـوال تلك الفتـرة نضحك على تلـك الحادثة، حيـث كان يوسـف لا يستطيع المشي دون عكاز.. وظننا أنه لـن يجرؤ بعد ذلك على اللعب بكرة القـدم.. لكنه بعد أن تحرر من جبيرته عاد يلعب بالكرة وكأنّ شيئاً لم يكن..

7

فريق الكشافة

وكنتُ أرى الكشــافة في مدرســتي يرفعون علم بلادي،
وهــم يعـزفون على آلات موسـيقية ينشدون النشيد الوطني،
ويلقون التحية على العلم... صباح كل يوم.

وكان هذا المشهد يعجبني كثيراً..

قلت لأبي إني أريد دخول الكشافة.

كنتُ صغيراً في الصف الأول الابتدائي..

رحّب أبي كثيراً برغبتي هذه.. وشجعني..

سـألت أصدقائي الذيـن يرفعون العلـم كل يوم عـن طريقة
اشتراكي في فرقة الكشافة.. فشجعوني هم أيضاً.. وطلبوا مني أن
أحضر يوم العطلة الأسبوعية وهو يوم النشاط الرسمي للكشافة..

ومنذ ذلك اليوم بدأت أهتم كثيراً بهذا النشاط، وكنت أريد
المشاركة في رفع العلم.. لكن قائد الفرقة طلب مني التمهل

بعـض الوقـت.. لأن مـن يرفـع العلـم عليـه أن يمضي وقتاً في التدرب.. والأفضلية للأكبر سناً والأقدم في الكشافة..

كنتُ حريصاً على أن أراقبهم ماذا يفعلون بدقة.. وخاصة عند رفع العلم وأداء التحية.. وكان ذلك استعراضاً متكاملاً يشبه طريقة الجنود في رفع العلم..

وحرصت على ارتداء الزي الكشـفي بشكل شبه يومي، دون أن يطلـب منـي ذلـك.. لأن الذيـن يرتدون هـذا الزي يومياً هم من يطلب منهم رفع العلم فقط..

وفـي أحد الأيـام.. كنت مرتدياً الزي الكشـفي، وعندما حـان وقت رفـع العلـم؛ اكتشـف قائـد الفرقة غيـاب أحد الطلاب، وكان مقرراً له أن يرفع العلم في ذلك اليوم.

فشـاهدني قائد الفرقة مرتدياً زي الكشـافة.. سـألني إن كنتُ واثقاً من معرفتي التامة لكيفية رفع العلم؟

وفي هذه اللحظة شعرت أنّ الدنيا لا تسعني..

كان يريـد مـن خلال هذا السـؤال أنّ أقوم بذلك لسـبب طارئ.. فأكدت له أني أتقن هذا الأمر تماماً..

فقال: «سـنجربك اليوم.. هذه هـي فرصتك قد حانت..

لو نجحت ستشارك الفرقة برفع العلم من حين إلى آخر».

ثم حذرني من الخطأ.. «فناظر المدرسة لا يحب الخطأ في رفع العلم.. ولو علم قائد الكشافة سيمنعك من رفع العلم مرة ثانية».

قلت له: «لا تقلق.. وسوف ترى ماذا سأفعل».

وكنتُ قد حفظت تماماً كامل الخطوات التي يؤديها الكشافة وهم يسيرون جنباً إلى جنب وفي خطوات ثابتة موحدة.. وكنت متأكداً من أنني من المستحيل أن أخطئ لأني تدربت على ذلك مراراً أو تكراراً..

وكانت تجربة رائعة لا يمكن أن أنساها..

وقد هنأني قائد الفرقة على خطواتي الواثقة الصحيحة..

ومنذ ذلك اليوم رفعت العلم عشرات المرات أمام الناظر والمدرسين والطلاب.. وفي احتفالات عدة داخل المدرسة.. لكني لم أكن أريد أن أحظى لوحدي فقط بهذا الشرف.. بل كنتُ أتيح الفرصة لكلّ من يحب أن يرفع العلم، وأساعده وأدربه ليقوم بذلك.. لأحقق حلمه برفع العلم، كما تحقق حلمي في أحد الأيام..

8

وليد وسلمى

صديقي وليد كان الأقرب إلى نفسي من بين جميع أصدقائي في بلدتنا البعيدة.

لم يكن وليد يشغل نفسه بالمدرسة كثيراً، فقد كانت فكرة السفر تشغل تفكيره دائماً..

وكان وليد ماهراً بأشياء عديدة، وخصوصاً بما يتعلق بالأرض والزراعة، فقد كان أبوه مزارعاً يملك عدة حقول مليئة بالجوز والتين والتفاح والعنب..

لكن أحلام وليد لم تكن تتطابق مع أحلام والده الذي يريده أن يكون مزارعاً مثله.. بينما وليد يريد السفر إلى كندا ليلحق بإخوته وأبناء عمومته، للعمل هناك مثلهم في التجارة..

وقد حاول أكثر من مرة أن يقنعني بفكرة السفر معاً..

لكنّ فكرة السفر والاستقرار في دولة أجنبية لم تكن مستساغة عندي.. فأنا لا أتخيل نفسي على الإطلاق أعيش في بيئة غربية ومجتمع غربي.. فشدة تمسكي ببلدتي وأرضي أشياء تكبح عندي جماح التفكير بالهجرة كما يفعل كثير من شباب بلدتنا.

لكن ذلك لا يعني أنهم لم يكونوا يحبون أرضهم وبلدتهم مثلي.. غير أن السفر كان عادة ورغبة في بلدتنا بحثاً عن الأفضل..

وهم يعودون غالباً إلى بلدتنا ويتزوجون منها، مهما طال السفر، ونادراً ما تزوج واحد من أبناء بلدتنا من امرأة أجنبية.

كانوا يعتبرون أن ذلك أمر لا يتفق بتاتاً مع عاداتنا وتقاليدنا.

وكان من بين هؤلاء الذين يفكرون بالسفر والهجرة والعيش في بلاد المهجر ولا سيما كندا أصدقاء لي كثر.. ومعظمهم لديهم أقارب مهاجرون. أمّا أنا فلم يكن لدي أقارب مهاجرون..

فأبي لديه شقيقة واحدة توفيت صغيرة قبل أن تتزوج.. وله ابن عم واحد يعمل طبيباً بيطريّاً ولم يتزوج بعد.. وأنا عندي أخ وحيد أكبر مني ولا يفكر هو أيضاً بالسفر..

وأخي بشير لديه حلم قديم.. فهو يريد أن ينهي الثانوية وينتقل إلى العاصمة ليدرس الحقوق في الجامعة ثم يدخل معهد القضاء.. ليصبح قاضياً.. مع أن أبي يلحُّ عليه أن يكون محامياً مثله.. لأنَّ المحاماة برأي أبي تجعله متحرراً أكثر من قيود القضاء..

وأبي يحثه ويحثني أنا أيضاً على التفكير بدخول كلية الحقوق، لكني لم أفكر بالمحاماة ولا بغير المحاماة، فقد كان همي الأكبر اللعب مع الأصدقاء.. وكانت أكبر وأعظم أمنية عندي أن أركب (العجلة الدوارة) بمفردي دون أن يكون معي أحد..

وأن أصعد إلى قمتها لأتأمل المشهد (البانورامي) البديع الذي لا يتاح لي إلا في فترات متباعدة، وبرفقة أمي تحديداً التي ترفض أن أركب العجلة لوحدي أو مع أحد غيرها..

فأمي تخاف عليّ كثيراً.. وترافقني معظم الوقت بعد

عودتي مـن المدرسـة حتى موعد نومـي.. غيـر أنّها كانت تسمح لي أحياناً بالذهاب للتنزه مع صديقي وليد..

وكان وليـد فتـى وديعاً مميزاً حقّاً.. لكنـه لم يكن مهتمّاً بالدراسة..

تطلعـه دائم للسـفر إلـى كندا، وفي معظـم الوقت كان يحدثني عن أحلامه هناك، وأنه سـوف يسـافر عندما تسنح له الظروف، ثم يعمل مع أخوته في التجارة، ويجمع الكثير الكثير من المال ليعود ويبني له قصراً، ويتزوج أجمل بنات البلدة..

وفي الحقيقـة لولا وليـد ورفقته فإنَّ طفولتـي في بلدتنا - ربمـا - كانت مملـة.. فهو صديقي المقـرَّب.. وأكثر من يفهمني وأفهمه بين أطفال البلدة..

كنـا نحب معـاً.. ونكرهه معـاً.. ونلهو معـاً.. ونبكي معـاً.. وكانت والدتي تحبه وتثق بأنه ولد ذكي عاقل غير متهور.

ولطالما ذهبنا معاً - في الأوقات النادرة التي تسـمح لي فيها والدتي بذلك - إلى الحقول والبساتين البعيدة..

ومـرَّة صعدنا قمـة الجبل الذي يشـرف علـى بلدتنا من

الناحية الشرقية.

وأجمل شيء عندي عندما كنا نذهب إلى مزرعة صغيرة لأبيه فيها مجموعة من الحمير والبقر والدجاج والبط..

وكان أكثر ما يفرحني ركوب الحمار الرمادي..

وهـو في الحقيقة لم يكن حماراً، بل (بغلاً)، والبغل كما أخبرني وليد حيوان هجين ينتجه تزاوج فرس وحمار، يكتسب العديد من صفاتها المميزة؛ فللبغل صبر الحمار وقوة الفرس.

والبغال حيوانات قوية العضلات صغيرة الجسم سريعة الحركة، تستعمل في الركوب والجر..

والبغال بإمكانها نقل الأحمال الثقيلة في المناطق الجبلية ذات الطرق غير السالكة والتي يصعب حتى على أحدث وسائل النقل الحديثة سلوكها.

والبغل يتصف بالعناد فيقال «عنيد كالبغل».

ويقال أيضاً إنَّه إذ قسا عليه سائسه وهو سائر في أعالي الجبال يرمي بحمله وينتحر برمي نفسه من أعلى الجبل.

والبغال كما لاحظت بنفسي أقوى كثيراً من الحمير،

ولهـا قـدرة كبيرة على صعـود الجبال ونـزول المنحدرات بقوة ومهارة وثبات وهي تحمل حملاً ثقيلاً..

وفي يـوم، من أيام الصيف، وكانت المدرسـة مقفلة في العطلـة الصيفية، جلسـت أنا ووليـد – كعادتنا – في أجمل مكان في بلدتنا عند (عين الماء)..

ففي هذا المكان يكون الجو منعشاً والهواء لطيفاً..

والمـاء المتدفق مـن العين يزيد المكان جمالاً وروعة، مع صوت انسياب الماء برفق حتى يملأ الحوض الخارجي الكبيـر، حيث تأتي الدواب لتشـرب الماء لوحدها ثم تعود إلى زرائبها بهدوء وأمان..

ولـم تكـن في بلدتنا مياه تصل إلـى كثير مـن البيوت، وخاصة بيوت البلدة القديمة..

والنساء يذهبن إلى العين حيث يملأن الجرار ويحملنها على رؤوسـهن.. وينقلنها إلى خزانات في البيوت.. وكنت أعجب من طريقة حمل النسـاء للجرار.. فهن يضعن قطعة من القماش المرصوص بشـكل دائـري، ثم يضعن الجرار فوق قطعة القماش.. وتسـير النسـاء برشـاقة مدهشـة وهن

يحملن الجرار المملوءة بالماء على رؤوسن.. دون أن تقع منها نقطة ماء.

في ذلك اليوم أخبرت وليداً عن سرٍّ في صدري..

كان ذلك السر هو أكبر الأسرار التي يمكن أن نفكر بها في طفولتنا..

قلت له: «إنني أحب سلمى»..

فصاح باستغراب ودهشة: سلمى.. سلمى؟!

وهو يقصد سلمى التي نعرفها.. ذات البشرة السمراء الممتزجة بلون الشمس.. التي جاءت هي وأسرتها من إحدى القرى القريبة لقضاء عطلة الصيف في بلدتنا.. عند قريب لهم اسمه العم نعيم.

قلت: «اخفض صوتك يا غبي. سيسمعنا الجميع».

- «هل تقصد سلمى التي تسكن فوق دكان العم نعيم في المسكن الـذي يملكه؟ يا لك من مخادع خطير.. وأنا كنتُ أتساءل بيني وبين نفسي لماذا كنتَ تأخذني إلى دكان العم نعيم البعيد لنشتري الحلويات مع أن قرب بيتنا دكاناً مماثلاً.. وكنت تقول لي إنك تريد أن تتمشى.. بينما أنت

كنت تطمع بأنْ ترى سلمى. يا لي من غبي.. لا شكَّ أنك مراوغ كبير!».

أجبتـه: «لا تقل ذلك يـا وليد.. ولا تجعلني أندم لأنني أخبرتك».

ينفجـر وليد في هـذه اللحظة ضاحكاً ويقول: «أخبرني كيف عرفت أنك تحب سلمى!»..

قلت لوليد إنني أتمنى أنْ أرى سـلمى كل يوم.. ولذلك فإني أذهب دائماً إلى دكان العم نعيم.. لكنني نادراً ما أراها هناك.. وأحياناً أصادفها تمشي مع أمها في ساحة العين..

قـال وليد وقـد ازداد اهتمامـه بالموضوع: «قـل لي هل كلمتها؟».

– «وكيـف أكلمهـا يا وليـد؟ وأنا لم أتمكـن من أن التقي بهـا إلا مرات قليلة جدّاً.. ولم أجرؤ على التكلم معها كلمة واحدة.. وأظنها لا تشعر بوجودي أصلاً».

– «دعنا نحاول».

– «كيف؟».

– «لنفكر بأمر ما».

- «مممم».

- «ما رأيك أن ننتظرها أمام بيتها مقابل دكان العم نعيم،
وعندما تخرج من البيت تلحق بها وتكلمها؟».

- «هل تسخر مني يا وليد؟ لن أفعل ذلك أبداً»..

وبعد أيام رحلت سلمى مع أسرتها إلى قريتها.. وبقيت
سمرتها الممزوجة بلون الشمس ذكرى في البال..

9

باص المدرسة (2)

من الأشياء الجميلة، ومن حسن الحظ – ربما – أنني كنتُ من الطلاب الذين يركبون الباص في بداية الرحلة ثم يدور في البلدة ليقلَّ باقي الطلاب..

وفي طريق العودة أكون أيضاً من بين آخر الواصلين إلى بيوتهم غالباً بعد أن يوصل الآخرين، لأنَّ بيتي أبعد من بيوت كثير منهم عن المدرسة..

وكان العم أبو زكي يوصلني إلى البيت ثم يكمل طريقه ليوصل باقي التلاميذ.

وفي الحقيقة لم يكن الباص يسع كل تلاميذ المدرسة، لذلك كان العم أبو زكي يقوم بعدة رحلات توصيل يوميّاً قبل المدرسة وبعدها.. لكني كنت دائماً أركب أوَّل رحلة توصيل.. وأعتقد أنَّ ذلك يعود لتوصية شديدة من أبي مع إكرامية إضافية.

وأذكـر أنَّ العـم أبـا زكـي كان يحكي لنا في كل رحلة حكايـة من حكاياتـه التي لا تنتهي، ومـن أجمل الحكايات التـي كان يرويهـا لنـا ويكررها مـن حين لآخر قصة شـرائه الباص.. ليبين لنا مدى «غلاوته» عنده كما يقول..

ويحكي العم أبو زكي قصته بفرح ويقول:

عندما كنت شاباً صغيراً في سن 16 تقريباً توفي والدي.. وكنت أكبر أخواتي وهن ثلاث بنات صغيرات، وأنا الصبيُّ الوحيـد بينهن، وكانت أمي مثل كل نسـاء بلدتنا التي كانت قرية صغيـرة في تلك الأيام لا تعرف القراءة والكتابة، ولا تعـرف غيـر العمل في البيـت، وكنت وقتها أسـاعد أبي في زراعة بسـتان صغيرٍ لنا، كما كان أبي يعمل فلاحاً في بعض الحقـول المجـاورة أو بعيداً في حقـول القرى التي تحيط بقريتنا.

كان مرض أبي المفاجىء ثم موته بعد فترة قصيرة مصدر حزن للجميع.. وخاصة أننا أسرة كبيرة..

في البداية ساعدنا أهل القرية كثيراً..

لكن قريتنا لم تكن كما هي اليوم تعيش بشيء من الراحة

المدرسة

والبحبوحة؛ نظراً لكثرة المغتربين الذين يرسلون الأموال إلى أسرهم ولا يبخلون عليهم أبداً..

فكرتُ أولاً بالسفر مثل كثير من شباب القرية؛ لكني استبعدت هذه الفكرة.. لم أكن أريد ترك أمي وأخواتي الصغيرات لوحدهن..

فقررت البحث عن عمل بأي مجال من أجل تأمين لقمة عيشنا.. فقد كان بستاننا صغيراً جدّاً ولا يكفي حتى ليؤمن لنا حاجتنا من الخبز ولنصف العام فقط..

اقترحت على أمي أن نبيع قطعة الأرض الصغيرة التي نملكها ونشتري بضاعة أتاجر بها..

لكنّها خشيتْ أنْ أضيِّع هذا الإرث البسيط لقلة خبرتي، كما أنَّ بيتنا الصغير يقع داخل مساحة الأرض.. فلو خسرنا الأرض والبيت أين سنسكن بعد ذلك..!

لذا قررت العمل في الحقول كما قررت أمي العمل في خياطة الثياب التي كانت ماهرة فيها، لكنّ أجري كان بسيطاً، كما أنَّ عملي كان موسمياً لا يؤمن دخلاً ثابتاً يكفي أفراد الأسرة..

10

شيخ القرية

ويتابع العم أبو زكي حكاية الباص قائلاً:

بعد فترة لم يعد المال يكفي أسرتنا الكبيرة، وخاصة بعد أن نفد منا ما تركه لنا أبي من بعض المال..

وكان في بلدتنا شيخ جليل يلجأ إليه الناس عند الحاجة ليستشيروه، وكان رجلاً مجرباً محترماً محبوباً، يستمع لرأيه كل أبناء قريتنا، ويأخذون بمشورته.

رحب بي الشيخ أشد ترحيب، وقال لي إنه فخر بعد أن سمع بما أقوم به لمساعدة أسرتي، وأوصاني بالحفاظ عليها قائلاً إني منذ وفاة أبي أصبحت رجل البيت، وعليَّ مسؤوليات جمَّة.

ثم قال بعد أن عرضتُ عليه قضيتي، أخبرته بأنَّ المال الذي أحصله طوال الشهر لا يكفي أسبوعاً واحداً:

«أعتقـد يا بني أنَّ ظـروف قريتنا لـن توفر لـك أكثر من ذلك.. وأنت شاب صغير.. أعتقد أنَّ الأفضل لك أن تبحث عن عمل مناسب لك في العاصمة».

عندمـا سـمعت لفظة العاصمة شـعرت بالرعـب وأنا لا أعرف أحداً فيها..

فتابع الشيخ دون أن ينتظر إجابة مني:

«سـوف أرسـلك إلى شـخص عزيـز عليّ يسـكن في العاصمة اسـمه السيد وديع.. السيد وديع الشلالي، لا تنس هذا الاسم أبداً.. هو ابن قريتنا، لكنه تركها منذ زمن واستقر في العاصمـة، ويعمل في إحدى إدارات الدولة.. سـأكتب لـك عنوان عمله وعنوان بيته، وسـأعطيك رسـالة أرجو أن تسلمها إليه.. وإن شاء اللَّه سيكون لك عوناً وسنداً».

في البداية لم تعجبني فكرة مغادرة قريتنا بسهولة..

فكرت بذلك طويلاً.. لكنّي في النهاية وجدت أنَّه (الحل الممكن)..

اعتقـدت أنَّ أمي سـترفض الفكرة.. وبـدأت أبحث عن طريقـة لأقنعهـا بالموافقة على انتقالي للحيـاة في العاصمة

بعيداً عنها، وأنا ما زلت في هذه السن الصغيرة..

فكـرت كثيراً، ولم أجد مدخلاً مناسباً، كنـت أتوقع أن ترفض أمي فراقي، فأنا اليوم «رجل البيت» كما يقولون..

وأخيراً قررت مواجهة أمي مهما كانت النتائج..

في المساء جلست معها لأفاتحها بالموضوع.. فوجئت بأنها تعرف السـيد وديعاً.. وتعرف «أفضاله وأخلاقه».. ثم قالت لي بكل تشجيع:

«مـا دام شـيخ بلدتنا الوقـور هو الذي نصحـك بذلك.. وأرسـلك إلى السـيد وديع.. فتوكّل على اللَّه.. وأنا سأتدبر الأمـور مع أخواتك الصغيرات.. وعندما تبدأ بالعمل ترسل لنـا مـا تجمعه من مـال.. وتأتـي إلينا من حين لآخـر لنراك ونسعد بوجودك معنا».

عندها أحسسـت بانشراح صدر أمي للفكرة، وتشجعت كثيراً للقيام بهذه الخطوة، متوكلاً على اللَّه..

وفـي الليلة نفسـها جهّـزت لي أمي حقيبة صغيـرة فيها بعض الثياب والطعام.. ثم أويت إلى فراشـي باكراً.. لكنني لم أتمكن من النوم جيداً في تلك الليلة.

وفي صباح اليوم التالي وفي لحظة خروجي من البيت قبيل شروق الشمس.. صارت أمي تبكي، فطلبت منها أن تترضَّى عليَّ.. ثم مضيت في طريقي وأنا أنظر إلى الوراء.. وكلما مشيت خطوة إلى الأمام كان بكاء أمي يشتد..

ولم أودع أخواتي الصغيرات.. تركتهن نائمات كيلا يبكين هن أيضاً مع بكاء أمي..

وعندما ابتعدت قليلاً جلست على صخرة قريبة من الطريق العام الذي يقطع قريتنا إلى نصفين.. وهو الطريق الوحيد الذي كان وما زال يربط بلدتنا بالقرى والبلدات المحيطة بنا..

جلست على الصخرة أنتظر (بوسطة) تمر في مثل هذا الوقت من كل صباحاً..

والبوسطة هي الوسيلة الوحيدة التي كانت تنقل الناس من القرى والبلدات على طريق قريتنا باتجاه العاصمة.

لم يكن كثير من الناس يملكون سيارات خاصة.. فالناس في تلك الضياع والقرى كانوا فقراء.. وحاجتهم إلى السيارات نادرة.. ولو كان معهم المال لاشتروا به آلات زراعية..

كان يمر بقربي في هذه الأثناء المزارعون والفلاحون وهم في طريقهم إلى الحقول.. يسلمون عليَّ ويترحمون على أبي.. ثم يتنهدون بصوت مسموع ويقولون: «لا حول ولا قوة إلا باللَّه.. حماك اللَّه يا ولدي.. رحم اللَّه والدك (الحاج زكي) لقد كان رجلاً طيباً.. اللَّه يعينك على ما أنت فيه».

ثم يمضون في طريقهم، وهم يضربون بأسى كفّاً بكف، لأنَّهم ليس بإمكانهم مساعدتي، فقد كان معظم أبناء القرية يعيشون أيامهم يوماً بيوم.. ولم تكن لديهم إمكانات كبيرة.. وبالكاد مداخيلهم تكفي حاجاتهم الأساسية.

ويتابع العم أبو زكي حديثه قائلاً:

عندما وصلت البوسطة صعدت إليها وقلت للسائق على الفور: «يا عم..أنا لا أملك أجرة الطريق.. لو سمحت لي بالركوب إلى العاصمة سوف أخدم الركاب وأساعدك، وسأنظف لك البوسطة بعد وصولنا إلى المحطة».

نظر السائق إلى العم أبي زكي.. تأمَّله جيداً.. وقال: «اقترب مني يا ولدي.. ألست أنت ابن الحاج زكي.. رحم اللَّه أباك كم تشبهه.. لقد رأيتك في العزاء بعد الدفن.. كان

رجلاً طيباً.. ادخل يا ولدي..

اجلس في أي مكان يعجبك.. معاذ اللَّه أن آخذ منك قرشاً واحداً أو أن تخدم الركاب.. أو أن تنظف البوسطة.. أنت ابن رجل طيب كريم عفيف! ادخل يا بني.. ادخل.. واللَّه لو طلبت مني أن آخذك إلى أي مكان تريد لأنزلت جميع الركاب وأخذتك إلى حيث تريد.. اقترب مني لأقبلك.. فأنت ابن الأحبة».

ويتابع الحاج أبو زكي: فاجأني السائق كثيراً بكلامه فأدمعت عيناي حزناً على والدي.. ثم نظرت نحو الركاب وكانوا يراقبون المشهد فترحموا على والدي..

كنتُ أعرف أن لأبي محبة خاصة في قلوب أبناء القرى والبلدات المجاورة.. وكانت العادة أن ترسل تلك القرى والبلدات وفوداً للتعزية بموتى أبناء البلدات والقرى المجاورة، وكان حضور عدد من المعزين أمراً عاديّاً في قريتنا، لكن الذين حضروا في عزاء أبي كان عددهم أكبر من كل عزاء سابق.

11

القلوب الطيبة

ويتابع العم أبو زكي حديثة بعد أن يمسـح دموعاً تناثرت على خدية:

«النـاس في تلـك الأيام كانـت قلوبهم طيبـة.. فقد كان القريون أسـرة واحدة، يتعاونون، يتسـامحون.. يتساعدون على قدر استطاعتهم وإمكاناتهم البسيطة للغاية».

وفي الحقيقـة لـم يكن العـم أبو زكي يحكي لنـا كامل القصة دفعة واحدة.. بل كان يرويها لنا على مراحل..

وغالباً ما كنا نصل إلى المدرسـة أو إلى بيوتنا في طريق العـودة ولا تنتهي الحكاية.. وفـي اليوم التالي نطلب من العم أبي زكي أن يكمل قصته وأن يعيد بعض تفاصيلها التي لـم نسـمعها أو التي نحب أن نسـمعها مرة جديدة.. وكذلك حتـى يسـمع الذين نزلوا على الطريـق أو الذين لم يصعدوا الباص ما فاتهم من الحكاية..

ويسترسل العم أبو زكي في حكايته قائلاً:

الناس في قريتنا والقرى والضياع المجاورة كانوا يعرفون أبي..

والناس في تلك الأيام يعرفون بعضهم بعضاً..

وكان أبي أحياناً يذهب إلى القرى المجاورة ليعمل في بعض الحقول.. وكان له أصدقاء وأحباء يزورهم ويزورونه..

طلب مني السائق أن أجلس في المقعد الخلفي الملاصق للكرسي الذي يجلس عليه.. وسألني إن كنت قد تناولت طعام الفطور.. وقبل أن أجيب عن سؤاله قال لي: «لدي الكثير من الطعام.. عندما نتوقف قليلاً لنرتاح في المحطة التالية سوف نأكل معاً».

وتوقعت أن يسألني بعد فترة عن سبب ذهابي إلى العاصمة.. لكنه لم يسألني هذا السؤال أبداً.. وكان يردد باستمرار: «اللَّه يوفقك يا بني في مسعاك.. اللَّه يوفقك».

ويتابع العم أبو زكي قصته فيقول:

عندما وصلت إلى العاصمة وكانت هذه أول مرة أذهب

MO

فيها إليها.. كان هناك زحام شديد لا أعهده في قريتي..

وكان الناس يتحركون بسرعة سيراً على الأقدام أو في السيارات والباصات والدراجات النارية، وهم يرتدون ثياباً تختلف كثيراً عن الثياب التي نرتديها في القرية..

ولحسن حظي أنني كنت أرتدي ثياباً أنيقة ومريحة جدّاً.. أعطاني إيّاها الشيخ الوقور المحترم، بعد أن استلمت منه الرسالة.. فهو عنده حفيد في مثل سني تقريباً غير أنه أعرض مني قليلاً.. وأطول.. لذا كان القميص فضفاضاً وواسعاً، والبنطال طويلاً، لكنه مناسب عند الخصر إلى حد ما..

وبشكل عام فقد كانت الثياب ملائمة.. ولم أكن أحلم بأن أرتدي مثل هذه الثياب الجميلة من قبل. وعندما وصلنا إلى محطة العاصمة كان الوقت ضحًى..

في بداية الأمر خفت كثيراً.. كيف يمكنني أن أتنقل ضمن هذا الحشد الكبير من الناس.. وإلى أين أذهب.. وماذا أفعل؟

وفي خضم هذه اللحظة من الإرباك والخوف والقشعريرة التي سرت في أنحاء جسدي.. التفت إليَّ سائق البوسطة

والابتسامة تعلو محيّاه... ثم قال بلهجة حانية: «أهلاً بك في العاصمة يا ولدي».

فهززت رأسي شاكراً.. وقبل أن أتلفظ بكلمة قال: «أظن أنك تريد الذهاب إلى السيد وديع الشلالي» نبرة الصوت لم تكن نبرة سؤال.. فهذا ليس بسؤال.. هو متأكد من ذلك.. نظرت إليه باستغراب.. فتابع يقول دون أن ينتظر كلامي:

«هذا شيء طبيعي يا بني.. السيد وديع هو ابن قريتكم.. ولا يتأخر عن مساعدة أحد من أبنائها.. سوف أوصلك إلى مكان عمله بنفسي.. فلا تقلق.. سوف تبقى البوسطة في محطة الركاب بضع ساعات لنرتاح ويقضي كل منا عمله.. ثم نحمّل الركاب قبل أن نعود أدراجنا بعيد العصر بقليل.. وفي هذا الوقت سوف أوصلك إلى مكان عمل السيد وديع فعمله قريب من هنا، ثم أذهب لبعض الأعمال وتوزيع الأمانات التي أحضرتها معي.. كما أني أحضر معي عادة بعض أكياس القمح والبرغل والزيت لبيعها على التجار.. ماذا نفعل يا بني؟.. هذه الحياة تتطلب منا جدّاً وعملاً متواصلاً».

ثم قال: «عليك أن تستمع جيداً إلى ما سيقوله لك

السيـد وديـع.. وإن لم توفق بعمـل وأردت العودة معنا إلى القريـة، – وأسـتبعد أن يسـمح لـك السـيد وديـع بذلك – عليـك أن تعـود إلى المحطـة قبيل العصر لتجـد لك مقعداً في البـوسطة.. فانتبه إلى الطريق والمحلات التي تراها حتى تحفظ طريق العودة.. ولو تهت لا تقلق فيمكنك أن تسأل.. الناس هنا طيبون ودودون.. فلا تخش السؤال».

ثم أخرج محفظة نقوده وأعطاني ورقة نقدية من فئة العشر ليرات لم أكن قد رأيت مثلها من قبل.. فهذا المبلغ كان كبيراً جداً في طفولتنا، كما أننا كنا نادراً ما نتعامل بالنقود..

ثم تابع: «بما أنني متأكد أنك لن تعود اليوم.. وأنّ السيد وديعاً سـيدبر لك عملاً مناسباً؛ اسـمح لي بأن أعطيك هذه الورقـة النقدية.. عربون محبـة مني.. ولا تظن أنني أتصدق عليـك.. أبداً.. فـإن لأبيك – رحمه اللَّه – أفضالاً علينا لا ننكرهـا.. هذا دين بسـيط لـه علينا.. أرجـو أن يكرمك اللَّه بعمـل طيب.. وسـوف نراك كثيراً إن شـاء اللَّه في تنقلاتك بين العاصمة وقريتك».

وكان العـم أبـو زكي عندما نصل عنـد هـذه النقطة من الحكاية.. يجهش بالبكاء في كل مرة، فيشاركه كل من في

باص المدرسة بالبكاء..

ثمَّ يكمل ويقول:

تلك الكلمـات الطيبات نزلت عليَّ مثل ماء الورد البارد في يوم شديد الحرارة.. فشعرت باطمئنان شديد وبرضى.. وكانت بداية طيبة لرحلة طويلة..

وتابع العم أبو زكي حديثه قائلاً:

عندمـا وصلت إلى المبنـى الذي يعمل فيه السـيد وديع وسألت عنه.. كانت المفاجأة أنه ليس أكثر من عامل بسيط مسؤول عن (كانتين) الإدارة الحكومية التي يعمل فيها.. أصبت بإحباط شديد، فقد كنت أظنُّ أنه مسؤول كبير..

عندما التقيته وعلم من أين أتيت رحب بي ترحيباً شديداً وأخبرني أنه يعرف أبي جيداً.. ثم سلمته رسالة شيخ القرية، وكانت دهشـتي كبيـرة عندما علمت أن الرسـالة عبارة عن طلـب لبعض الأدوية والأغراض.. وكان مع الرسـالة بضع وريقات نقدية ثمن الدواء والأغراض المطلوبة..

فأحسسـت عندها أني خدعـت.. وأني لم أكن سـوى (ساعي بريد).

<div style="text-align:center">~~~~~~~~~~~~~~~~~~~~~~~~~~</div>

ففكرت بالعودة إلى المحطة وانتظار موعد عودة البوسطة إلى قريتنا.. لكن كيف لي أن أعود هكذا.. وماذا أقول لأمي؟.

هنا قال لي السيد وديع قاطعاً حبل تفكيري: «من المؤكد أنك جائع يا ولدي».

ثم تابع حديثه ضاحكاً دون أن ينتظر إجابتي: «من حسن حظك أنك ستتناول اليوم طعاماً لذيذاً لم تذق مثله في حياتك من طبخ زوجتي المصون»..

قال ذلك بكثير من الفخر والاعتزاز..

فقلت في نفسي: «لا بأس من أن أتناول قليلاً من الطعام، ثم أعود بعد الغداء إلى المحطة.. يوجد وقت.. فالبوسطة لن تغادر قبل العصر.

وتابع السيد وديع كلامه:

«بعد ساعتين تقريباً ينتهي دوام العمل ونذهب إلى البيت.. الحاجة عائشة قالت لي إنها ستطبخ اليوم (كوسا محشي) أكيد أنك تحب الكوسا، قد لا تكون لذيذة كما تطبخها لك أمك.. لكن إن شاء اللَّه ستعجبك».

ويقـول أبو زكي: كنت أريد أن أتهرب من هذه العزومة، لكن إصرار السيد وديع لم يترك لي مجالاً لأي خيار آخر..

ثـم ذهبنا إلـى منزل السـيد وديـع، وكان منزلاً بسـيطاً للغايـة.. مكوّناً مـن غرفتين صغيرتين.. أثاثهما قديم لكنه متناسـق ومرتـب.. تعرفـت إلى زوجتـه الحاجة عائشـة، وكانت في سن قريبة من عمره الذي يقارب الستين..

وبعـد أن أكلنـا أطيب وجبة (كوسـا محشـي) أكلتها في حياتي.. شـعرت بمـدى لطف هذيـن الزوجيـن الطيبين.. وعرفت عندها سـر محبة الناس لهمـا.. وأن الرجل الوقور كان محقّاً بإرسالي إليه..

لكني لم أقتنع حتى تلك اللحظة بقدرة السيد وديع على مساعدتي..

فهو كما يبدو رجل فقير جدّاً.. ويعمل عملاً بسيطاً..

لكن في كل الأحوال ليس عندي خيار آخر، وهو الوحيد الذي أعرفه في هذه المدينة الكبيرة.. فقلت: لأنتظر يوماً أو يومين.. ولعل في هذا خير كثير.

وعندمـا غربت الشـمس ذهبنـا أنا والسـيد وديع لصلاة

المغرب في مسجد قريب من بيته، وبقينا في المسجد حتى صلاة العشاء ثم عدنا إلى البيت.. وكنت شديد الإرهاق والتعب، فقال لي السيد وديع: «نحن ننام باكراً لأن عملي يبدأ بعد الفجر مباشرة.. وأنت ستذهب معي غداً.. سننام الآن.. وفي الصباح رباح».

وجدت الحاجة عائشة وضعت لي على أرض غرفة الاستقبال التي هي أيضاً غرفة جلوس وغرفة طعام ما يشبه المرتبة..

وما إن وضعت رأسي على الوسادة حتى سقطت في نوم عميق.

12

العمل في الكانتين

ويتابع العم أبو زكي قصته قائلاً:

في اليوم التالي أيقظني السيد وديع باكراً، وقال لي: «هيا انهض، فقد أذن الفجر».

ثم توجهنا للصلاة في المسجد، ومن المسجد ذهبنا مباشرة إلى العمل في الكانتين..

وكان علينا أن ننظف المكان جيداً.. ثم نبدأ بتحضير بعض السندويتشات قبل بدء وصول الموظفين.. أحسست بالوقت يمر سريعاً.

وبدأ الموظفون يتوافدون وأصحاب المعاملات.. وانهالت علينا الطلبات بالجملة.. ما بين قهوة وشاي وسندويتشات من مختلف الأنواع، بالجبنة واللحم واللبنة والعصائر الطازجة المنوعة.. ولم أشعر بالوقت حتى انتهى الدوام..

وكانت مهمتي الأساسية أن أجيب على الهاتف وأسجل الطلبات.

وكان معنا صبيان يقومان بتوصيل الطعام، فيما كان السيد وديع يقوم بتحضير الطلبات مع مساعد له.

ثم طلب مني السيد وديع بلطف شديد بعد أن ازداد عدد الطلبات أن أقوم أيضاً بتوصيل عدد منها إلى المكاتب..

ثم عرفت أنهم ينادون السيد وديع بأبي وديع، رغم أنه لم يكن عنده أبناء..

وعندما كان يمر أحدهم ليأخذ الطلب بنفسه أو ليتناول طلبه داخل الكانتين وكان فيه بضعة كراسي وطاولات.. كانوا يسألونه: «من هذا الفتى يا أبا وديع؟»، فيجيب: «ابن أخي.. إنه ابن اخي، ألا ترون أنه يشبهني».

وكنت أفرح كثيراً بذلك.. ويسعدني ما يقول.. فقد كان يتكلم بطريقة مرحة وفخورة..

مرّ النهار الأول في العمل بشكل سريع جدّاً..

وبعد انتهاء الدوام وقبل أن نعود إلى بيت السيد وديع.. ناداني قائلاً: «تعال نتحاسب».

ثم قال: «لم نتفق بعد على يوميتك.. لكني سأعطيك عشر ليرات كاملة عن هذا اليوم، لأنك أظهرت أنك مجد في عملك.. ولم تضيع وقتك.. وقد كان العمل وفيراً

رئيس القسم

اليـوم.. وعن كل يوم سـوف أعطيك خمس ليـرات.. فما رأيك؟ ولو زاد العمل سأعطيك أكثر؟ فهل أنت موافق؟.

فرحت كثيراً.. هذا مبلغ كبير جدّاً.. يكفي أمي وأخواتي لأسـبوع كامل.. وسـوف أخبىء الباقي لينفعنا في شيء ما فيما بعد..

ويتابع أبو زكي قائلاً:

وبعـد بضعـة شـهور أصبـح عندي مبلـغ لا بـأس به من المال.. ولم أعد أسكن في بيت السيد وديع.. فقد استأجرت غرفة في شارع قريب من العمل.. فصرت أحضر قبل السيد وديع إلى الكانتين وأقوم بكثير من العمل قبل أن يأتي.. مما كان يفرحه ويزيد من أجرتي..

ولـم تكن أجرتـي اليومية هي مصـدر رزقـي الوحيد.. بـل كنتُ أحصل علـى كثير من «البقشـيش». كما أن بعض أصحاب المعامـلات صـاروا يطلبـون منـي أن أنجـز لهم معاملاتهـم مقابـل أجر مناسـب.. وقـد تعرفـت علـى كل المكاتب واختصاصاتها، وصار جميع الموظفين يعرفونني.

كنـت أطلـب منهم بعض الخدمـات فينجزونهـا لـي على الفور.. وكان أصحاب المعاملات يكرمونني كثيراً.. وصرت أرسل لأمي مبالغ كبيرة.. فكانت تدعو لي هي وأخواتي..

13

صندوق أمي

وبعد نحو سنة.. أخذت أول إجازة طويلة لي لمدة ثلاثة أسابيع، وذهبت إلى القرية.. وكنت قد ذهبت إليها خلال الشهور الماضية أربع أو خمس مرات فقط، كل شهرين أو ثلاثة تقريباً.. وفي كل مرة أقضي يوماً أو يومين، في عطلة نهاية الأسبوع ثم أعود..

في هذه الإجازة الطويلة أخبرتني أمي أنها ادخرت بعضاً من المال الذي كنت أرسله وأصبح عندها مبلغ كبير.. وأرتني صندوقاً خشبياً صغيراً مليئاً بالمال.

قالت بفرح:

«كنا نشتري الضروري مما نحتاج إليه.. وما يبقى من مال كنت أدخره لك، فهو من تعب جبينك يا بني».

فرفضت أخذ المال وقلت لأمي إن هذا المال حق لها ولأخواتي..

قالت: «هذا المال لنا جميعاً.. لكنه لك أولاً.. بهذا المبلغ يمكنك أن تبدأ مشروعاً صغيراً.. وتنجح بإذن اللَّه».

فكرتُ مليّاً..

قلت في نفسي: لو وضعت هذا المال مع المال الذي معي ربما تمكنت من القيام بمشروع ما وتحقيق ما تحلم به أمي..

وجلست أفكر لفترة طويلة.. حتى لمعت في رأسي فكرة رائعة..

البوسطة التي تنقل الناس من القرى والبلدات إلى العاصمة لم تعد تستطيع استيعاب كل الناس.. والذين يذهبون إلى العاصمة هم في ازدياد مستمر.. لو اشتريت بوسطة صغيرة.. سيفرح الناس بذلك.. ولن أضر صاحب البوسطة، ففي المرات الأخيرة التي جئت بها إلى قريتي في البوسطة رأيت كثيراً من الناس يلوحون له ليتوقف، لكنه كان يعتذر إليهم بلطف لأنه لا يوجد مقاعد خالية.. فيضطرون للذهاب بسيارات الأجرة وتكلفتها أكثر بكثير من تكلفة البوسطة..

مدرسة

عرضت الفكرة على أمي..

قالت: لكن البوسطة ثمنها غالٍ..

قلت: تتدبر إن شاء اللَّه..

وبعد انتهاء الإجازة وفي طريق العودة أخبرت سائق البوسطة عن هذه الفكرة.. فقال: «واللَّه يا بني تفعل خيراً.. الرزق رزق اللَّه.. وكما ترى فإن الركاب كثيرون.. وأنت أصبحت تعرف الطريق جيداً.. لكن عليك أن تتعلم القيادة.. وتتدرب عليها.. ثم تحاول أن تحصل على رخصة.. لكني أعتقد أن سنك ما زالت صغيرة، ربما تحصل على رخصة بعد عام أو عامين.. وفي هذا الوقت سوف أعلمك القيادة بنفسي.. وعندما أجدك قادراً على القيادة سأسمح لك بقيادة البوسطة في الطرق السهلة».

قال أبو زكي:

فرحت بذلك أشد الفرح.. وعندما وصلت إلى العاصمة أخبرت السيد وديعاً بذلك..

بدت على وجهه أمارات الحزن مختلطة بعلامات الفرح.. وقال:

«أنت الآن مثل ولدي.. لا يمكنني الاستغناء عنك بسهولة.. لكنَّها إرادة اللَّه.. واللَّه يوفقك.. أنا لا أريد أن تتركني، لكني سأساعدك قدر ما أستطيع.. سوف أسهل لك عملية الحصول على رخصة قيادة.. كما أنني أعرف شخصاً يعمل في صالة لبيع البوسطات والباصات.. سأتصل به ثم نذهب إليه»..

ومضت الأيام وأنا أنتظر تحقيق وعد السيد وديع لي، حتى ظننت أنه نسي الموضوع.. لكني لم أكن أريد أن أُلحَّ عليه.. حتى فاجأني ذات يوم بعد دوام العمل بأننا سنذهب الآن إلى الصالة حيث سنجد ما نريد..

وعندما وصلنا إلى هناك استقبلنا شخص كان يعرف السيد وديعاً جيداً ويعمل في الصالة..

أخذنا على الفور إلى مكان جانبي مفتوح خارج الصالة الداخلية المغلقة.. إلى حيث توجد البوسطات المستعملة..

كنت أعتقد أننا سنشتري بوسطة جديدة.. فلم يعجبني منظر البوسطات والباصات المستعملة..

قال البائع: «عزيزي أبو وديع.. لقد تأخرت عليك بالرد

حتى وصلت إلينا اليوم هذه البوسطة»..

وأشـار إليها بيده، وهو فخور بهذا العرض، كأنه يريد أن يسدد جميلاً قديماً للسيد وديع..

ثـم أردف يقـول: «هـذه البوسـطة رائعـة، واستعمالها خفيف جدّاً.. عمرها ثلاث سـنوات فقط لكن استعمالها لا يتجاوز شهراً واحداً»..

ثم قال ضاحكاً: «يبدو أن صاحبها السـابق لم يستعملها لسـبب ما، وقرر اليـوم أن يبيعها.. أضمنها لكما بسـعر أقل من سـعر السوق.. وسأسـجل بيعها باسمي لأضمن لكما خصمـاً ممتازاً.. انظـرا إليها كم تبدو رائعـة.. كأنها جديدة لم تستعمل»..

كانت البوسـطة متوسطة الحجم.. رائعة الشكل فعلاً..

فرحت كثيراً.. وأحسست أنها صفقة رابحة..

لكن السـؤال الذي ظل يراودني: «هل سأتمكن من دفع ثمنها؟ ويا ترى كم هو ثمنها؟»..

وعندما عرفت الثمن كاد يغمى علي..

كل المبلغ الذي جمعته أنا وأمي لا يكفي ربع ثمنها..

ولمـا لاحظ البائع ارتباكي.. قال: «ما بك أيها الشـاب؟ لا تخـشَ شـيئاً.. أخبرنـي كم هـو المبلغ الذي تسـتطيع أن تدفعه؟».

فقلت له متلعثماً: «معي تقريباً ربع المبلغ المطلوب»..

قال: «إذن المسـألة محلولة.. هل لديك كفيل.. أو شيء يمكن أن ترهنه»..

فقال السيد وديع: «أنا أكفله.. أنا أكفله»..

شـكرت السـيد وديعاً معتذراً.. ثم قلت للرجل: «عندي قطعة أرض صغيرة وبيت مبني عليها».

فقـال البائـع: «إذن انتهـى الأمـر.. تدفـع ربع المبلغ.. وترهن الأرض والبيت ثم تسـدد المبلغ الباقي على دفعات لمدة خمس سنوات.. وبذلك لن ترهق نفسك ويمكنك أن تسدد المبلغ بسهولة من المال الذي تحصله من العمل على البوسطة.. لكن عليكَ أن تحذر.. لو تعذر السداد سوف يتم الحجز على الأرض والبيت»..

ويضيف أبو زكي: وهكذا اشـتريت البوسطة.. وعملت عليها ما بين خمس وست سنوات ما بين القرية والعاصمة..

وسـددت كل المبلـغ في أقـل من ثلاث سـنوات.. وكانت قريتنا في هذا الوقت تتسـع، وازداد عدد ساكنيها وأصبحت بلدة كبيرة.. افتتحت مدرسـة جديدة كانت بعيدة عن وسط البلـدة القديمة، وصـار هناك حاجة لنقـل التلاميذ إليها من بيوتهم وبالعكس.. عندها طلب مني مختار البلدة أن أحول البوسطة إلى باص ينقل التلاميذ.. وعرض علي أن يوظفني في المدرسة براتب مناسب..

فرأيـت أن الوظيفـة أفضـل لـي، خاصة أنني كنـت أريد الزواج والاستقرار، ومن هنا بدأت قصة باص المدرسة..

14

بشير والبوسطة

كانت هذه الحكاية كثيراً ما تشغل تفكيري، وكانت تجربة العم أبي زكي هذه يعرفها كل أهل بلدتنا والبلدات المجاورة.. لكثرة ما يرويها.. وقد سمعناها منه أكثر من مرة.. وكنا في كل مرة نفرح بسماع قصته هذه وغيرها من القصص الكثيرة التي كان يحلو له أن يرويها خلال قيادته للباص.. وخاصة عندما نكون في رحلة مدرسية خارج البلدة..

وأحياناً كان يقوم في العطلة الأسبوعية برحلات جماعية خارجية لمن يرغب من أبناء البلدة..

وكنت أحكي لأبي بعض قصص العم أبي زكي.. فأكتشف أنه يعرف قصصه تلك.. وأخبرني أبي يوماً أنّ العم أبا زكي حكى لأخي بشير أيضاً مثل هذه القصص عندما كان أخي صغيراً ويذهب مثلي إلى المدرسة الابتدائية..

وأخي بشير لم يعد يذهب في الباص..

فهـو يقول لأبي وأمي إنه أصبح كبيـراً بما يكفي ليذهب لوحده إلى المدرسة سيراً على قدميه..

وفي الحقيقـة؛ لم تكن مدرسـة بشيـر بعيدة عـن بيتنا.. وكان السير إليها أفضل برأيي من انتظار الباص الذي يتأخر كثيراً.. وبذلك يستطيع أخي أن ينظم وقته ويتحكم بذهابه دون التزام مع الباص المبكر بالحضور والمتأخر بالوصول إلى المدرسة أو بالعودة إلى البيت..

ومـن حسـن حظ أخـي أنَّه كان لنا جـار اسـمه أنور في مثل سـنِّ أخي وفي فصله بالمدرسـة، وكانا يذهبان معاً في الصباح بعد ذهابي إلى المدرسة في الباص، ويعودان أيضاً معاً قبل عودتي إلى البيت من المدرسـة بالباص أيضاً، رغم أنهمـا في المرحلـة الثانوية التـي تتطلب منهمـا وقتاً أطول مـن الوقت الذي أقضيه في مدرسـتي الابتدائية، لكن رحلة الطريـق والتوصيـلات التي يقـوم بها البـاص تجعلني أبكر بالخروج، كما أني أتأخر عنهما بالعودة أحياناً..

وفي يوم سألني أخي سؤالاً لم أكن أتوقعه:

«بالتأكيد أنت تعرف قصة أبي زكي والبوسطة؟».

- «نعم.. فكل أبناء القرية ويعرفونها».

فقال أخي بجدية: «منذ الصغر وأنا لا أصدق هذه الحكاية من أساسها.. وأعتقد أنَّ أبا زكي يريد أن يصنع لنفسه بطولات زائفة.. يخترع القصص التي يريدها.. ثم يريدنا أن نصدقها.. وكيف يمكن أن أصدق مثل هذه القصة السخيفة.. كيف يستطيع شاب فقير مثله أن يجمع ربع ثمن البوسطة كما يقول في سنة واحدة؟ وهو ما زال مجرد صبي صغير في كانتين يوزع الشاي والقهوة على الموظفين.. أنا لا أصدق هذه القصة من أساسها.. فكيف تصدقها أنت؟».

- «لكنه يرويها بصدق.. ولماذا يكذب علينا؟».

- «يريد أن يظهر نفسه بطلاً من الأبطال.. وأنا أظنه جمع ثمن البوسطة بطريقة غير قانونية.. وربما سرق المال من السيد وديع المسكين قبل أن يموت.. فقد علمت أنَّ السيد وديعاً ماتت زوجته بعد عودة العم أبي زكي إلى البلدة مباشرة.. ولم يتحمل السيد وديع فراق زوجته فمات بعدها بأيام قليلة.. ولم يجدوا في بيته سوى قروش معدودة.. فأين ذهب ماله وتعبه طوال عمره؟! لا شك أن أبا زكي

استولى على مدخرات السيد وديع المسكين.. فماتت زوجته قهراً.. ثم مات من بعدها حزناً عليها».

- «لكـن هـذه القصة التي ترويها ليسـت حقيقية.. ولن يصدقها أحد»..

- «أنـا أحتفظ برأيي لنفسـي.. ولا أتحدث به إلا لبعض الأصدقاء»..

استغربت كثيراً من رأي أخي.. فهذه أول مرة يقول لي ذلك..

شعر بشير بحيرتي واستغرابي فقال:

«لـم أكن أريـد أن أخبرك برأيي هذا لكنـي رأيتك معجباً كثيـراً بأبـي زكي وبطولاتـه المزيفـة.. فأحببـت أن أخبرك بذلك لكي لا تستمر بهذا الإعجاب».

في الحقيقـة لقـد صدمـت صدمـة قويـة مـن رأي أخـي بشـير.. وأصبحت أشك في قصص أبي زكي.. فأخي بشير شاب معروف ببلدتنا بأنه صالح ويفكر كثيراً.. وبعض كبار السن يستشيرونه لأنه يقرأ دائماً ويحرص على التعلم..

كمـا أنـه يقـرأ أحيانـاً القضايـا التي يرافـع بها أبـي في المحاكم..

وفـي بعـض الأحيـان كنـت أراه يناقـش مع أبي بعض المسائل ثم يقترح عليه اقتراحات حول قضايا معينة فيوافقه أبي في رأيه..

ويقـول له: «سـتصبح محامياً مشـهوراً لو سـمعت مني ودخلت كلية الحقوق»..

لكنَّ أخي لم يكن يريد ذلك..

ومنذ ذلك اليوم صرت شكاكاً، ولا أصدق كل ما يرويه لنا العم أبو زكي من حكايات.. لكني لم أقتنع لحظة واحدة بأنه سرق المال من السيد وديع..

فالعـم أبـو زكي رجل طيـب يخـاف اللَّـه.. والناس في بلدتنا تحترمه.. ولم أكن لأصدق أن أحداً يمكن أن يسيء مثل هذه الإساءة إلى من أحسن إليه في يوم من الأيام..

ومع ذلك؛ أصبحت شكاكاً..

وصـارت الأيام تمضي دون أن أعبـأ كثيراً بقصص العم أبي زكي وبحكاياته..

وأشـغل نفسـي في الباص بمراجعة دروسـي أو بالتمتع بمنظر الطبيعة..

15

العجلة الدوارة

ومضـت الأيام، وأصبح النجـاح بتفوق يأخـذ كثيراً من اهتمامي..

ونجحت إلى المرحلـة المتوسـطة.. وبـدأت أحلـم بالانتقال إلى الثانوية..

كنـت أريـد أن أكبر بسـرعة لأنتقـل إلى الثانويـة، حيث تكون لي حرية أكبر، فأشـعر أني أصبحت شـابّاً أستطيع أن أخـرج وأتنـزه لوحدي دون أن يراقبني أحـد.. وخاصة إلى سـوق البلدة الكبير حيث يجتمع معظم أبنـاء البلدة يبيعون ويشترون..

ولطالما رجوت أمي أن تسمح لي بالذهاب لوحدي إلى سـوق البلدة حيث يمكنني أن ألتقي ببعض الأصدقاء لنلهو ونمرح بالتنقل بين المحال والبسـطات المنوعة، ثم نجلس على مقاعد حديقة السـوق الخشـبية حيث يجلس كثير من

الناس معظمهم من المسنين من الجدود والجدات.

كما يمكنني أن أذهب إلى ساحة كبيرة قريبة من السوق يجتمع فيها الشباب عادة، ثم أرتاد حديقة صغيرة للألعاب، كانت فيها (العجلة الدوارة) لعبة جميلة جدّاً وهي عبارة عن مجموعة من المقصورات، في كل مقصورة مقعدان متقابلان يجلس فيها شخصان اثنان فقط، وجهاً لوجه...

ثم ترتفع المقصورة وتدور مثل عجلة كبيرة دوارة.. فترتفع وترتفع حتى تصل إلى أعلى نقطة قريبة من السماء..

وبعد أن كبرت قليلاً وانتقلت إلى المرحلة المتوسطة بدأت أخرج لوحدي من حين على آخر برفقة صديقي المقرب وليد..

وقد رجوت أمي في أحد الأيام أن تسمح لي بركوب العجلة الدوارة لوحدي... لكنها كانت متمسكة برفض ذلك..

قلت لها إنَّ صديقي وليداً تسمح له أمُّه بذلك منذ أن كان في الابتدائية..والآن نحن كبرنا..

وبعد نقاش طويل.. سمحت لي بشرط أن يكون وليد

معي في المقصورة نفسها.. فوافقت على مضض.. قبل أن تغير أمي رأيها.

فقد كنت أشعر بزهو بالغ عندما تصل المقصورة إلى أعلى العجلة، فلم تكن هنالك نقطة في البلدة أعلى من هذه النقطة التي نصعد إليها بواسطة هذه العجلة الضخمة..

فنحن في منطقة سهلية منبسطة وممتدة.. ولم تكن هنالك عمارات لنعرف بواسطتها كيف يكون المشهد من الأعلى..

وعندما كنت أصل إلى قمة العجلة أشعر بفرح غامر، أنظر إلى تحت ثم إلى فوق وأنا ما بين السماء والأرض، فتبدو البلدة مثل لوحة فنان شاعر، البيوت منتظمة في شكل متناسق رائع، يمتزج القرميد الأحمر بصفاء السماء الزرقاء، ويمتد الأفق حتى يعانق الأرض في مكان بعيد..

لكنَّ هذا المنظر البديع لم يكن متاحاً لي في كل أيام العام، كما أنَّ الصعود إلى هذه «القمة» لم يكن متوافراً في بعض الفترات، وخاصة عندما تتساقط الثلوج بكثافة، وتشتد الريح، وينتشر الغمام الأبيض الساحر، فتصبح الرؤية من قمة العجلة غير ممكنة...

وقـد كنـا نترقب هـدوء الريـح، وتفرُّق الغمـام، لنذهب برفقـة الأسـرة إلى هـذه «العجلـة الـدوارة» فنجـد العدد الوفيـر مـن الصغار والكبـار قد سبقونـا إليها لينعمـوا بهذا المنظـر الجميل؛ بسـاط أبيض يشـتعل بريقاً، ثم يـزداد ألقاً عند سـطوع الشـمس باسـطة أشعتها الذهبية على الذهب الأبيض، فيعكس الثلج نور الشـمس، ليعود الشـعاع هائماً في الآفاق، حتى تلمع زرقة السماء بضياء ساحر..

واليـوم كان مـن أجمـل أيـام العمـر.. سـأركب العجلة الـدوارة مـع صديقي المقرب وليـد.. لترتفع بنا إلى أعلى نقطة في البلدة..

وأخيـراً أركبت العجلـة الدوارة لأول مرة مع طفل صغير مثلي.. وكان يوماً من أيام العمر..

وفـي قمـة العجلـة الـدوارة.. وفـي قمـة الدهشـة.. عندما وقفـت بنا العجلة لنتأمل منظـر الطبيعة.. نظرت إلى وليد..

وقلت له: «أخشـى أن يكـون كل هذا المشهد خادعاً»..

ضحك وليـد وقـال: «كيـف يكـون كذلـك يـا أيهـا الذكي؟».

أخبرت وليد عن رأي أخي بشير بحكاية العم أبي زكي والبوسطة..

ارتفعت ضحكات وليد.. فأحسست أن المقصورة ترتج من ضحكه وأننا سنقع منها..

ثم قال: «أنا لا أشك بهذه القصة أبداً».

سألته: «ولماذا؟».

فقال: «ببساطة شديدة.. لقد سمعت ما يقال عن العم أبي زكي من قبل، وعندما قلت لأبي ما سمعته عن هذه الحكاية أخبرني أنَّه كان شاهداً على عملية رهن الأرض.. وهناك جزء خفي من الحكاية أخبرني به أبي شرط ألا أحدث به أحداً من الناس، وأن أحافظ على سر العم أبي زكي، وقد أخبرني بذلك أبي خوفاً من أن يموت ويدفن السر معه، وأوصاني بألا أخبر أحداً بسره وهو على قيد الحياة.. ولوالدي وحده الحق بقول السر أو إخفائه».

فقلت على الفور: «أخبرني به.. وهل بيننا أسرار».

أجاب: «اعذرني يا صديقي.. فهذا سر وأنا أحافظ عليه منذ زمن بعيد، لكني متأكد تماماً من نزاهة العم أبي زكي

وصدقه وأن ما قالـه أخوك كلام وتحليل غير صحيح وغير منطقي».

قلت: «لكنَّ أخي يقرأ كثيراً في القانون ويريد أن يصبح قاضياً».

قال وليد: «أخشى أن أخاك فشل في حكمه على الرجل.. وعليه أن يبحث عن مهنة أخرى غير القضاء.. فكيف يحكم على النـاس بهذه الطريقـة.. وكيف أصدر حكمـاً مثل هذا على العم أبي زكي.. وهو بريء تماماً».

قلت له: «ولماذا تصرُّ أنت على براءته.. وأين دليلك؟».

في هذه اللحظـة تحركت العجلـة.. وبدأت تنـزل بنا.. فأدركـت أني أضعت فرصة مشـاهدة هذا المنظـر الرائع.. وشغلني الحديث عن العم أبي زكي..

وعندمـا خرجنا مـن المقصورة قلت لوليـد: «لن أدعك تفلت من يـدي.. وعليك أن تخبرنـي بالحقيقة وإلا ذهبت بنفسي إلى أبيك لأسأله عن سر الحكاية».

16

سرُّ الحكاية

رفض وليد بشــدة أن نذهــب إلى أبيه.. وقــال: «لم يكن عليّ أن أخبرك بوجود هذا السر.. لو علم أبي بذلك فسوف يحزن كثيراً.. وقد يعاقبني»..

قلــت لــه: «إن لــم تذهــب معي الآن فســوف أذهب لوحدي.. وليكن ما يكون»..

حاول وليد أن يثنيني عن ذلك لكنه استسلم أمام إلحاحي وإصراري، ووافق على الذهاب معي إلى منزله للقاء أبيه..

استــقبلنا أبــو وليــد بترحــاب كبيــر.. فهو يعرف العلاقة الخاصة التي تربطني بوليد...

وكان أبــو وليد مزارعاً طيبـاً.. يعرفه أهل البلدة بأنَّه كاتم للســر، ولا يتكلــم عــن أحد مــن النــاس.. وكان يعرف أبي جيداً ويزورنا في البيت أحياناً.

ودون مقدمـات أخبرتـه بما قـال لي أخي عـن العم أبي زكي..

تنهـد أبو وليد تنهيدة من أعماقه.. ثم قال: «لقد سمعت هـذا الكلام من قبـل، وفضلت ألّا أتكلـم.. وقد وصل هذا الـكلام إلى العم أبي زكي نفسـه.. فجرحه مـن الأعماق.. لكنّـه يعرف جيداً أنه لم يفعل ما يقال عنه.. ولا يريد الدفاع عن نفسـه في قصـة مختلقة ليس لها وجـود.. لكن يبدو أنه حان وقت الكلام.. وهذا الأمر لا يعرفه إلا أربعة أشخاص فقط، اثنان توفاهما اللَّه وهما أم الحاج أبي زكي... والسيد وديـع.. وواحـد على قيـد الحياة وهـو أنا، أما الرابع وهو البائـع فـلا أعـرف إن كان حيّـاً أم ميتـاً.. وكنت أكتم السـر احتراماً لتمنيات أم الحاج أبي زكـي، التي لم تكن تريد أن تجرح قلب ابنها..».

فقلت بلهفة: «أخبرني يا عمي.. أخبرني».

فقال بحزم: «سأخبرك.. وعليك أن تخبر أخاك بشيراً أن لا يظلـم بحكمه أحداً من الناس.. وأن يتحرى الحقيقة قبل أن يصدر الأحكام».

ثم تابع يقول: «أرجو اللَّه أن تسامحني أم الحاج أبي زكي

لأنني مضطر لإفشاء سرها.. فقد كانت الحاجة رحمها اللَّه تعمل خفية عن ابنها في الزراعة والفلاحة.. وكانت ترتدي ثياب الرجال وتخرج للعمل في الحقول دون أن يعرفها أحد، وكانوا يظنون أنها رجل لقوتها وشدتها.. وصبرها».

تفاجأت كثيراً عندما قال أبو وليد ما قاله..

الأمر غريب حقّاً..

امرأة متوسطة العمر تخرج لتفلح الأرض وتزرع مثل الرجال، وتعود للاهتمام ببناتها الصغيرات.. بعد أن توفي عنها زوجها.. في وقت لم يكن مقبولاً أن تخرج المرأة للقيام بذلك.. وليس ذلك فقط.. بل ترتدي ثوب الرجال ليظنها الناس رجلاً..

تابع أبو وليد كلامه موضحاً: «كان لدى الحاجة أم أبي زكي صندوق آخر غير الصندوق الذي كانت تجمع فيه المال الذي يرسله ابنها إليها من حين إلى آخر والذي يتحدث عنه الحاج أبو زكي في قصته.. وكانت تضع في هذا الصندوق المال الذي تجمعه من عملها بالفلاحة، وتخفيه عن ابنها.. وعندما جاء البائع ليرهن البيت والأرض وجد أن قيمة الرهن لا تساوي مبلغاً بسيطاً، لأنَّ الأرض

كانت صغيرة المساحة، وكانت الأراضي البعيدة عن المدن رخيصة الثمن في ذلك الوقت.. عندها أخرجت أم الحاج أبي زكي صندوقها خفية عـن ابنها.. بحضوري وحضور السيد وديع، بعد أن خرج ابنها مـن البيت لحاجة ما طلبت منـه أن يحضرها من الـدكان.. ثم أعطت الصندوق للبائع وكان فيه مبلغ كبير من المال، مشترطة علينا أن لا نخبر ابنها بهذا الأمر وأن يبقى سرّاً بيننا..».

وفي هذه اللحظة بدا التأثر شديداً على العم أبي وليد..

ثـم قـال بفخـر: «آن الأوان اليوم لنعلن عن هذا السـر.. ولتسـامحني الحاجـة أم الحاج أبي زكي وهـي في قبرها.. لقـد حـان للحاج أبي زكي وأخواته أن يفخروا أكثر بأمهم.. وأن نفخر نحـن أيضاً معهـم أكثر وأكثر.. فقـد كانت امرأة صابرة مجاهدة.. ربت بناتها على الخير.. لقد كانت ظروف زمانها لا تسمح للمرأة بأن تعمل بالفلاحة كما هي فعلت.. أمَّا اليوم فهي فخر لنا ولهذه الحكاية التي يرويها الحاج أبو زكي».

استأذنت وخرجت مسرعاً..

كان همي الأوَّل أن أصل بسرعة قصوى إلى البيت لأخبر

أخي بشيراً بهذا السر..

لـم يكـن حكمـه صائبـاً.. فالأمـور لا يحكـم عليها من شـكلها الخارجي.. فلكل حكاية سرُّ من الأسـرار يكمن وراءها.. وسر حكاية البوسطة أجمل من الحكاية نفسها..

(النهاية)

الفهرس

1	بيتي الجميل	3
2	فراشات الحديقة	11
3	مناسبة سعيدة	17
4	العمل جميل	21
5	باص المدرسة (1)	29
6	رفاق المدرسة	35
7	فريق الكشافة	41
8	وليد وسلمى	45
9	باص المدرسة(2)	55
10	شيخ القرية	59
11	القلوب الطيبة	67
12	العمل في الكانتين	77
13	صندوق أمي	81

14   بشير والبوسطة 89

15   العجلة الدوارة 95

16   سرُّ الحكاية 103